MES PREMIERS MOTS

EN FRANÇAIS

MIREILLE CONNEN

HACHETTE
Français
langue étrangère

PRÉSENTATION

Tu vas partir à la découverte des **premiers mots en français.** Comme c'est passionnant ! Nous avons écrit et illustré ce livre pour que cette découverte soit agréable et simple.

Avant de commencer, il faut d'abord que tu saches ce que tu vas trouver dans ton livre.

• En le feuilletant, tu as peut-être remarqué qu'il contient **des grandes illustrations** sur lesquelles on voit les deux personnages principaux – Thomas et sa sœur Julie – dans des scènes de la vie de tous les jours. On te les montre en train de jouer, de faire du sport, de fêter un anniversaire, etc. Tu les vois dans leur maison, avec leur famille, à l'école et pendant leurs vacances.

Sous la grande illustration se trouvent **des textes**. Ce sont le plus souvent des petits dialogues ou bien des descriptions qui résument ce qui se passe.

Tu pourras les lire avec un adulte. Plus tard, tu pourras apprendre chaque texte "par cœur" et si c'est un dialogue, tu pourras le jouer – comme au théâtre – avec une autre personne.

À gauche et à droite de la grande illustration, il y a plusieurs **petites images**. Elles montrent des personnes, des animaux et des objets présents dans la scène et te donnent leur nom. Tu y trouves également quelques expressions utiles.

• **En tournant la page,** tu découvres **d'autres images**. Elles représentent des éléments qui ont tous un rapport avec la scène que tu viens de voir. Tous sont accompagnés de **leurs noms**. Un véritable trésor de mots pour quelqu'un de curieux comme toi !

C'est tout ce qu'il te faut pour fabriquer ton premier dictionnaire. Achète un petit répertoire alphabétique et chaque fois que tu apprends un mot nouveau, écris-le dedans.

• Les deux double-pages – celle de la scène illustrée qui montre Thomas et Julie et celle du vocabulaire mis en images – forment un chapitre, par exemple, l'école, le sport, la musique... En tout, il y en a 18 dans ce livre. Tu peux commencer par regarder celui qui t'intéresse le plus, tu peux sauter des pages, revenir en arrière, ne regarder que les dessins ou t'amuser à retenir le plus de mots possibles à la fois ; bref, tu peux organiser ta découverte comme tu le voudras.

• Pour apprendre tes premiers mots en français, il est préférable d'être avec un adulte. En lisant les **informations et conseils** que nous lui donnons à la fin du livre (pages 75 à 95), il pourra te proposer des activités, des jeux et même des chansons.

Et maintenant allons-y :
– **Bonjour !**
– **Comment tu t'appelles ?**

© 1990 – Hachette
ISBN : 2-01-016750-3
ISBN : 2-01-016261-7

BONJOUR !

LE PETIT FRÈRE

le bébé

la maman

le papa

le berceau

le cadeau

Bonjour !
Ça va ?
Ça va ! Et toi ?
Très bien, merci.

– Bonjour, Annie ! Bonjour, Jacques.
– Ça va ?
– Oui, très bien. Merci.

il dort

il boit

il pleure

il mange

il rit

– **Tiens, voilà un cadeau pour toi.
Et ça, c'est pour le bébé.**
– **Oh, merci ! Chut ! Regarde :
le bébé dort.**

Regarde !
Écoute !
Chut !
Le bébé boit ?
Non, il dort.

le mariage de papa et maman

grand-mère et Julie

moi, Thomas et ma petite sœur Julie

Léon, mon arrière grand-père

ma tante Dominique et son fils Laurent

grand-père dessine

Thomas, Julie, Paul et Noémie

moi, Thomas à 1 an

LA FAMILLE

mon oncle Christian, l'astronome

et son frère Sylvain, le menuisier

tante Charlotte avec les jumeaux

Thierry et Vincent, mes cousins

UNE LETTRE POUR

le facteur

Julie

Thomas

la lettre

**la boîte
aux lettres**

Tiens !
Voilà une lettre
Merci beaucoup

– **Bonjour ! Quel est ton nom ?**
– **Julie Leroux.**

– **Tiens, Julie. Voilà une lettre pour toi.**
– **Merci beaucoup.**

le pot de fleur

la brouette

l'arbre

le chien

l'herbe

Thomas travaille dans le jardin
– Où est le chien, Thomas ?
– Dans la brouette.

Quel est ton nom ?
Comment tu t'appelles ?
Je m'appelle Julie.
Le nom
Le prénom

DANS LE JARDIN

l'oiseau

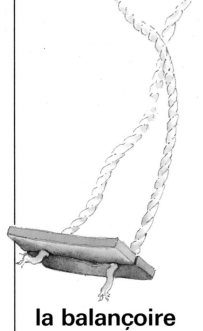

la balançoire

la chaise longue

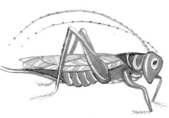

la sauterelle

le radis

les petits pois

la serre

la pelle

le champignon

la balle

l'escargot

la niche

la coccinelle

le papillon

les fleurs

la chenille

l'arrosoir

la tomate

la feuille

la tondeuse

la salade

LA CHAMBRE DES

le lit

le fauteuil

la table

l'étagère

le lavabo

Il travaille
Elle lit
Il joue
Elle dort

**Thomas et Julie sont dans la chambre.
Thomas lit un livre.
Julie joue.**

ENFANTS

la glace

le savon

l'oreiller

la couverture

le drap

Qu'est-ce que tu fais, Julie ?
– Je joue avec ma poupée. Et toi ?
– Je lis.

Qu'est-ce qu'il fait ?
Qu'est-ce qu'elle fait ?

Et toi, qu'est-ce
que tu fais ?

LA MAISON

① le grenier
② la chambre
③ la salle
   de bains

④ la cuisine
⑤ l'escalier
⑥ le séjour
⑦ la cave

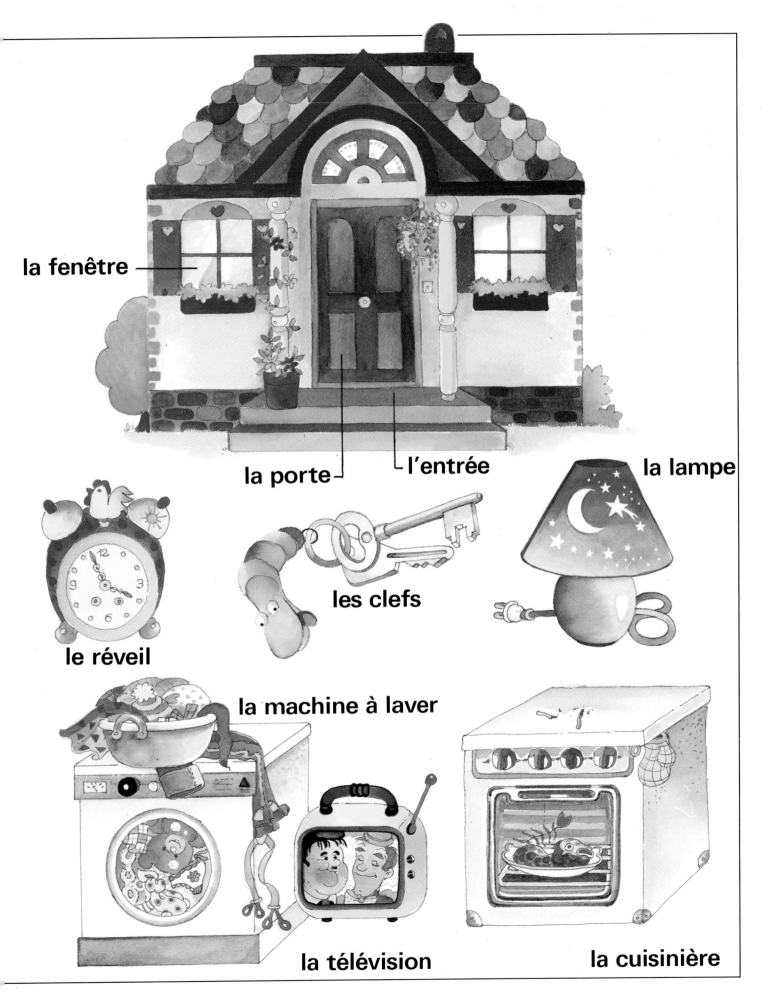

la fenêtre

la porte

l'entrée

la lampe

le réveil

les clefs

la machine à laver

la télévision

la cuisinière

17

UN BON GÂTEAU

le frigidaire

la cuisinière

la poubelle

le placard

les allumettes

Le petit déjeuner
Le déjeuner
Le dîner
J'ai faim
J'ai soif

**Bébé joue avec son camion.
Julie et Thomas font un gâteau
pour le dîner.**

le gâteau

la tarte

les fruits

le sucre

le chocolat

– **J'ai faim...**
   Hum ! C'est bon.
J'aime les gâteaux.

C'est bon
C'est mauvais
J'aime les fruits
Je n'aime pas la tarte

19

À LA CUISINE

l'œuf à la coque

le bol

la serviette

la fourchette   la cuillère

la tasse

la confiture

le sel   le poivre

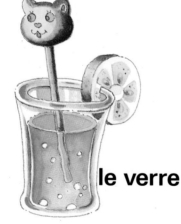

le verre

la casserole

le rouleau à pâtisserie

la tarte

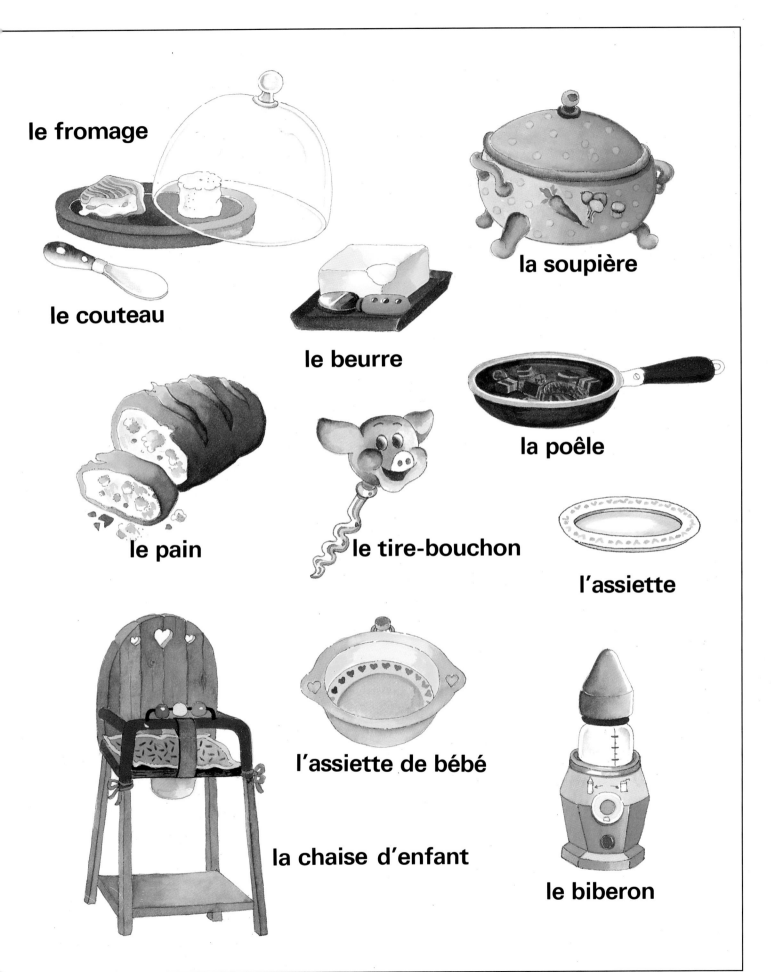

le fromage

le couteau

le beurre

la soupière

le pain

le tire-bouchon

la poêle

l'assiette

l'assiette de bébé

la chaise d'enfant

le biberon

AU SUPERMARCHÉ

le panier

l'alimentation

les conserves

le Caddie

la caisse

Combien ça coûte ?
1 franc
10 francs
100 francs
50 centimes

– Qu'est-ce que tu veux ? La boîte bleue
   ou la boîte rouge ?
– Combien coûte la boîte bleue ?
   35 francs : c'est cher.

la caissière

la vendeuse

la cliente

l'étiquette

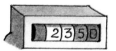

le prix

La cliente : Je voudrais un kilo d'oranges.
La vendeuse : Ça fait 15 francs.
Thomas : Attention Julie ! Tout tombe.

C'est cher ?
Ce n'est pas cher
C'est très cher
C'est gratuit

le porte-monnaie

les pièces

le billet

la liste des commissions

LES COURSES

les légumes

les fruits

le pain

le croissant

la pâtisserie   **les gâteaux**

la charcuterie

la viande

l'épicerie

les surgelés

le vin

le lait

l'eau

le jus
de fruits

les fromages

la crémerie

les boissons

ON AIDE MAMAN

l'armoire

la commode

le linge

le sèche-linge

la valise

Où est le linge ?
Dans l'armoire
Devant
Derrière
Sur
Sous

Julie et Thomas sont dans la chambre de papa et maman. Maman est dans le jardin.
Maman : Qu'est-ce que vous faites, les enfants ?
Julie : Je repasse et Thomas fait la valise.

le fer

**la table
à repasser**

les boutons

**les aiguilles
et le fil**

**la machine
à coudre**

Julie : Attention Thomas ! Tu fais tomber
les vêtements.
Thomas : Maman, Julie m'embête.
Julie : Menteur.
Maman : Soyez sages, les enfants.

Tu es sage ?
Gentil (-le)
Mignon (-ne)
Méchant (-e)
Menteur (-euse)

27

la cagoule

la chemise

le blouson

la casquette

le tee-shirt

la salopette

le gilet

le short

le foulard

les bretelles

les socquettes

la jupe

la barrette

le pantalon

le sac à main

la robe

la culotte

LES VÊTEMENTS

l'écharpe

la moufle

l'anorak

les chaussettes

le pull-over

le collant

la chaussure

la basket

le gant

les chaussons

le pyjama

la robe de chambre

la chemise de nuit

29

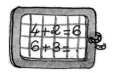

le calcul

le dessin

la peinture

l'écriture

la lecture

Le matin
L'après-midi
Le soir
À midi

**Voici la classe des petits :
Julie dessine. Fabienne écrit.
Dorothée joue avec Patrice.**

la classe

la maîtresse

les enfants

la récréation

la sieste

Ce matin la maîtresse raconte une histoire
à Paul et Sophie.
Dans la classe des grands, c'est la leçon
de calcul.

Je lis
J'écris
Je compte
Je dessine
Je raconte
une histoire

POUR L'ÉCOLE

la règle

le cartable

le pot de colle

la trousse

les crayons
de couleur

le taille-crayon

l'image

les ciseaux

le cahier

la gomme

le crayon
à papier

le feutre   le stylo à bille

le livre

les lettres

a	b	c	d	e	f
g	h	i	j	k	l	m	n	o	p
q	r	s	t	u	v	w	x	y	z

a b c d e f
g h i j k l m n o p
q r s t u v w x y z

les nombres

1 un	4 quatre	7 sept	10 dix	40 quarante
2 deux	5 cinq	8 huit	20 vingt	100 cent
3 trois	6 six	9 neuf	30 trente	1000 mille

les couleurs

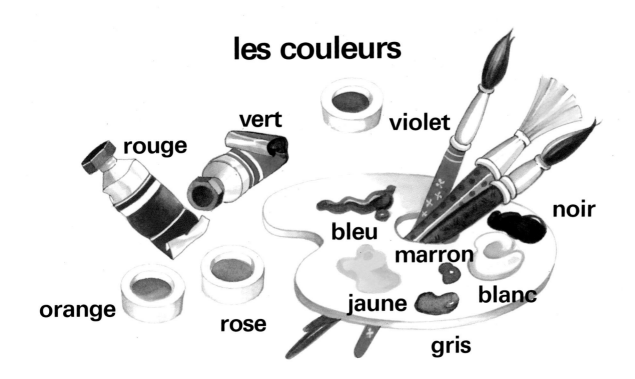

vert

violet

rouge

noir

bleu

marron

orange

blanc

jaune

rose

gris

les formes

le carré le rond le rectangle le triangle

LA VISITE MÉDICAL

l'âge

le poids

la taille

un garçon

une fille

Elle est grande
Il est petit
Gros (se)
Maigre
Jeune
Vieux/vieille

Le médecin : Comment tu t'appelles ?
Julie : Julie Leroux.
Le médecin : Tu as quel âge, Julie ?
Julie : J'ai 6 ans.
Le médecin : Tu es une grande fille !

34

le médecin

l'infirmière

la piqûre

la température

la balance

<u>Natacha</u> : Brr j'ai froid.
<u>L'infirmière</u> : Ouvre la bouche et fais aah.
<u>Lucie</u> : Aah – Je suis malade, madame ?
<u>L'infirmière</u> : Mais non.

J'ai froid
J'ai chaud
J'ai sommeil
J'ai mal
Je suis malade

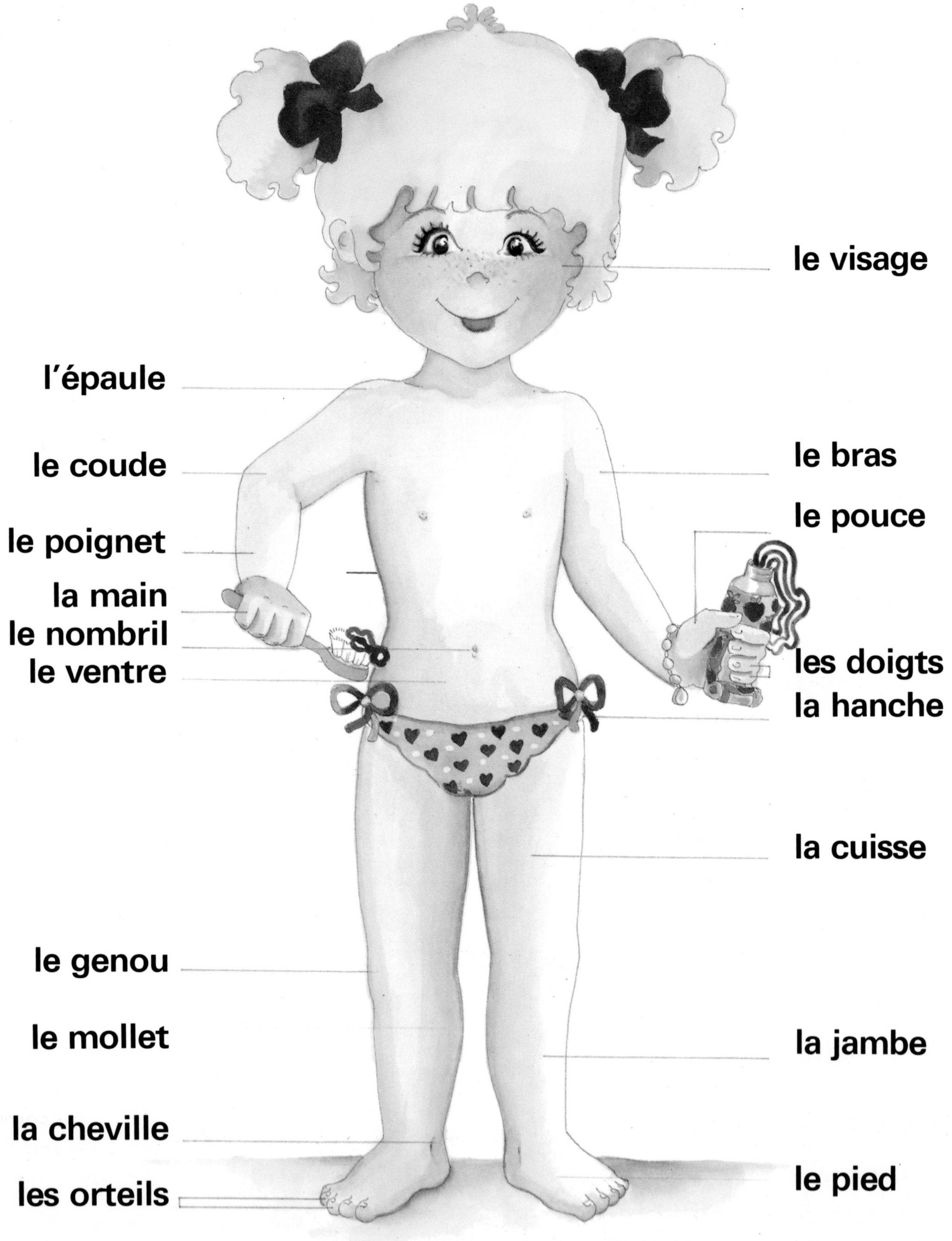

le visage

l'épaule

le coude

le bras

le pouce

le poignet

la main
le nombril
le ventre

les doigts
la hanche

la cuisse

le genou

le mollet

la jambe

la cheville

les orteils

le pied

FORME

les cheveux

le front

l'œil
la joue
l'oreille
les dents

le menton

les sourcils

les cils
le nez
la bouche
la langue

le cou

la tête

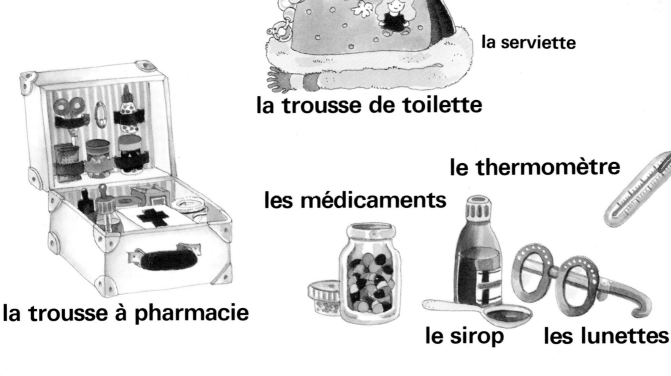

le dentifrice

la brosse à dents

le peigne

le gant

la serviette

la trousse de toilette

le thermomètre

les médicaments

la trousse à pharmacie

le sirop   les lunettes

AU STADE

la course

**le saut
en hauteur**

**le saut
à la perche**

le volley-ball

le basket-ball

Une heure
Une minute
Une seconde
Quelle heure est-il ?
Il est 10 heures.
Aujourd'hui
Demain Hier

**Aujourd'hui, c'est mercredi.
Thomas va au stade.
Le professeur : 2 minutes et 10 secondes.
Bravo, Thomas.
Thomas : Ouf, je suis fatigué.**

le sac de sport

le ballon

le chronomètre

les chaussures de sport

le professeur de gymnastique

<u>La maîtresse</u> : 1, 2, 3, mettez les mains sur les hanches,
le corps à droite et puis à gauche.
4, 5, 6, c'est bien !

Lundi
Mardi
Mercredi
Jeudi
Vendredi
Samedi
Dimanche

39

le parachutisme

la planche à roulettes
(le skate-board)

la gymnastique

le football

le cyclisme

LE SPORT

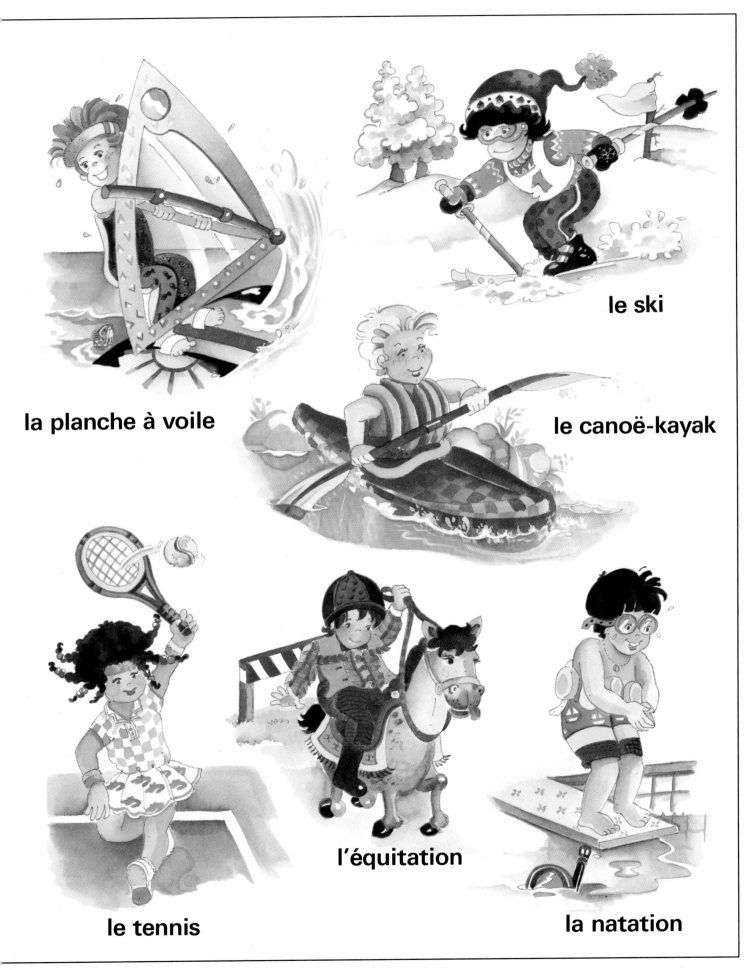

la planche à voile

le ski

le canoë-kayak

le tennis

l'équitation

la natation

DANS LA RUE

la place

la rue

le trottoir

le feu

**la cabine
téléphonique**

Où est-ce ?
À côté
En face
À gauche
À droite
Tout droit

Aujourd'hui, c'est samedi.
Thomas et Julie font les courses.
<u>Julie</u> : On va d'abord à l'épicerie.

la boulangerie

l'épicerie

le cinéma

le chantier

la fontaine

Thomas : Et après, on ira à la boulangerie.
La dame : Allô, Paul ? C'est Jacqueline.
Je suis place du marché à côté du cinéma.

Où vas-tu ?
Tout près
Très loin
À 1 kilomètre
À 100 mètres

l'église

la mairie

la poste

la crèche

EN VILLE

**le restaurant
(le self-service)**

la banque

l'hôpital

l'hôtel

AU TRAVAIL

la fleuriste

la coiffeuse

le peintre

la concierge

la secrétaire

C'est à quel étage ?
Au rez-de-chaussée
Au premier étage
Au deuxième étage
Au troisième étage

**Au rez-de-chaussée, il y a un coiffeur
et une fleuriste.
Au premier étage un plombier répare le gaz
et une secrétaire tape à la machine.**

le dentiste

le vitrier

la couturière

le plombier

**ιa femme
de ménage**

**Au deuxième étage un dentiste,
une couturière et des artistes travaillent.
Plus tard, quand tu seras grand, quel métier
veux-tu faire ?**

Plus tard...
Je serai peintre
Elle sera dentiste
Tu seras vitrier

le routier

le maçon

le pompier

l'avocate

LES MÉTIERS

l'acteur

l'actrice

le caméraman

le cuisinier

la caissière

À LA CAMPAGNE

l'étable

la grange

le verger

le champ de blé

le potager

Quel temps fait-il ?
Il fait beau
Il pleut
Il neige
Il fait chaud
Il fait froid

C'est l'été, il fait beau.
Thomas et Julie sont dans un ballon.
Julie : Regarde Thomas, voilà la ferme.
Il y a des poules, des oies, des vaches...

50

le fermier

la fermière

le tracteur

le poulailler

le clapier

Thomas : Regarde Julie : les fermiers nous disent bonjour !
Ohé, Ohé, bonjour !
Les fermiers: Bonjour et bon voyage !

Le temps
Les saisons
Le printemps
L'été
L'automne
L'hiver

51

LES ANIMAUX DE LA FERME

la vache

le lapin

la dinde

le cheval

la pintade

les canards

la poule

le cochon

le coq

les poussins

l'oie

52

LES PRODUITS
DE LA FERME

le blé

le maïs

les œufs

la farine

le lait

le beurre

le miel

le fromage

À LA FERME

AU ZOO

la girafe

l'éléphant

le singe

l'hippopotame

le lion

Grand (-e)
Petit (-e)
Gros (-se)
Énorme

– Viens voir les lions.
– Non, moi je préfère les singes.
Ils sont drôles.
Regarde la girafe, elle est grande.

le morse

l'otarie

l'autruche

le crocodile

le cerf

– **Regarde les ours.**
– **Où ça ?**
– **Là. Celui-là est gros. Il a l'air gentil.**
Mais où sont les zèbres ? Je ne les vois pas.

Gentil (-le)
Méchant (-e)
Sauvage
Féroce

le panda

le cerf

le kangourou

le tigre

le dauphin

pe

le paon

ANIM
SAUV

56

le zèbre

le gorille

l'ours blanc

le renard

quet

le chameau

le flamant rose

le serpent

AUX
AGES

L'ANNIVERSAIRE

le gâteau

les bougies

les bonbons

les guirlandes

le déguisement

Janvier Juillet
Février Août
Mars   Septembre
Avril   Octobre
Mai   Novembre
Juin   Décembre

**Le 25 décembre, le jour de Noël,
c'est l'anniversaire de Julie.
Elle a 6 ans. « Joyeux anniversaire Julie ».**

l'étoile

le père Noël

la cheminée

le sapin de Noël

les cadeaux

Tous les amis de Julie sont déguisés.
Sur la table, il y a des bonbons, des gâteaux,
des boissons et des cadeaux.

Joyeux Noël !
Bonne année !
Joyeux anniversaire !
Bonne fête !

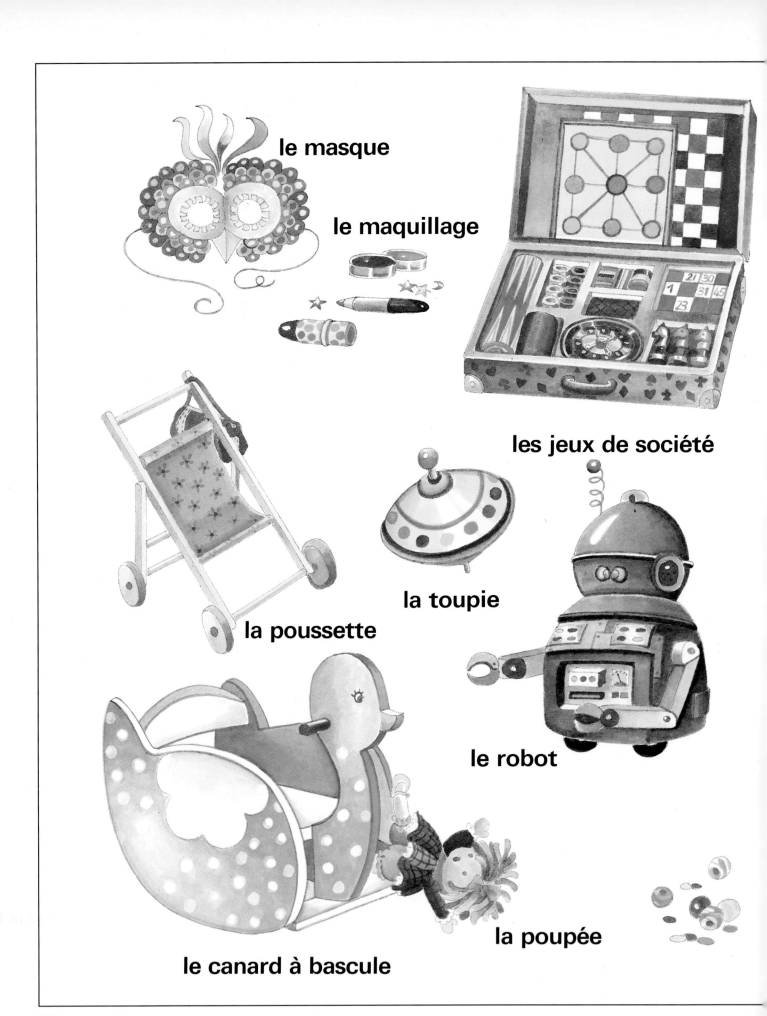

le masque

le maquillage

les jeux de société

la toupie

la poussette

le robot

le canard à bascule

la poupée

60

LES JOUETS

le coffre à jouets

la dînette

les cubes

les billes

le téléphone

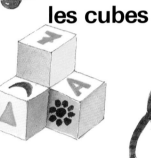

**l'appareil-
photo**

les serpentins

les patins à roulettes

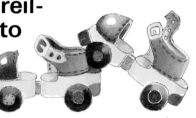

le ballon

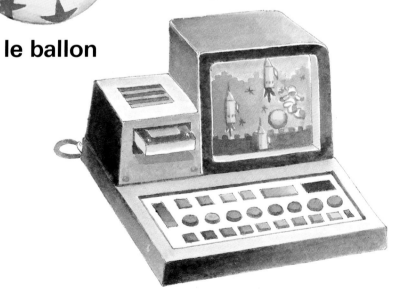

l'ours en peluche

l'ordinateur

le chanteur

la guitariste

le flûtiste

le violoniste

la danseuse

Qu'est-ce que tu fais ?
Je chante
Je danse
Je joue du piano
J'écoute de
la guitare

1, 2, 3, 4, on chante et on danse.
C'est la fête de la musique.
Sur le podium, Julien joue de la guitare
et chante. Frédéric l'accompagne à la flûte.

SIQUE

le micro

le podium

les hauts-parleurs

les projecteurs

les disques

"Elle descend de la montagne à cheval..."
Le grand-père de Julie joue une chanson
folklorique avec sa vielle.

J'aime cette chanson
Elle est jolie
Elle est gaie
Elle est triste
Elle est rythmée

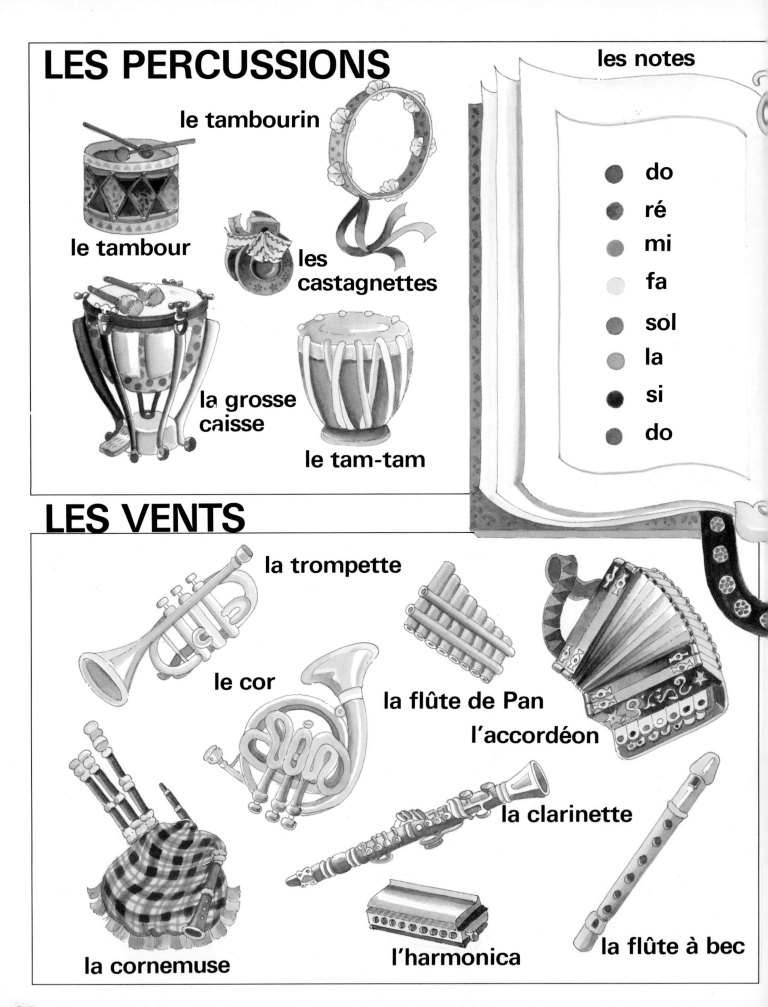

LES PERCUSSIONS

le tambourin

le tambour

les castagnettes

la grosse caisse

le tam-tam

les notes

- do
- ré
- mi
- fa
- sol
- la
- si
- do

LES VENTS

la trompette

le cor

la flûte de Pan

l'accordéon

la clarinette

la cornemuse

l'harmonica

la flûte à bec

LES INSTRUMENTS

la partition

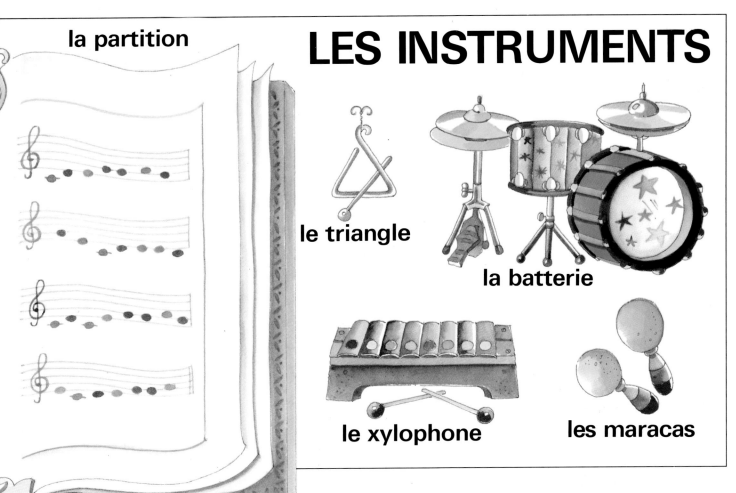

le triangle

la batterie

le xylophone

les maracas

LES CORDES

le banjo

la guitare

le violon

le violoncelle

la harpe

le piano

le port

le bâteau

le phare

le marin

la digue

Je joue
Je me baigne
Je nage
Je pêche
Je ramasse des
coquillages
Je bronze

**Il fait beau. La mer est bleue.
Tout le monde est à la plage.
Les plus petits jouent sur le sable.**

le pêcheur

le nageur

le rocher

le sable

la mouette

**Les plus grands se baignent
ou ramassent des coquillages.
– Ohé, Thomas ! Regarde : on a pêché plein
de poissons.**

Les vacances
Je vais en vacances.
Je suis en vacances.
Au bord de la mer
À la campagne
À la montagne

le bateau gonflable

la bouée

les rames

le voilier

les palmes

le château de sable

le seau

le masque

le râteau

le tuba

la pelle

le sac de plage

l'épuisette

les lunettes
de soleil

la serviette de bain

la pieuvre

À LA

la crème solaire

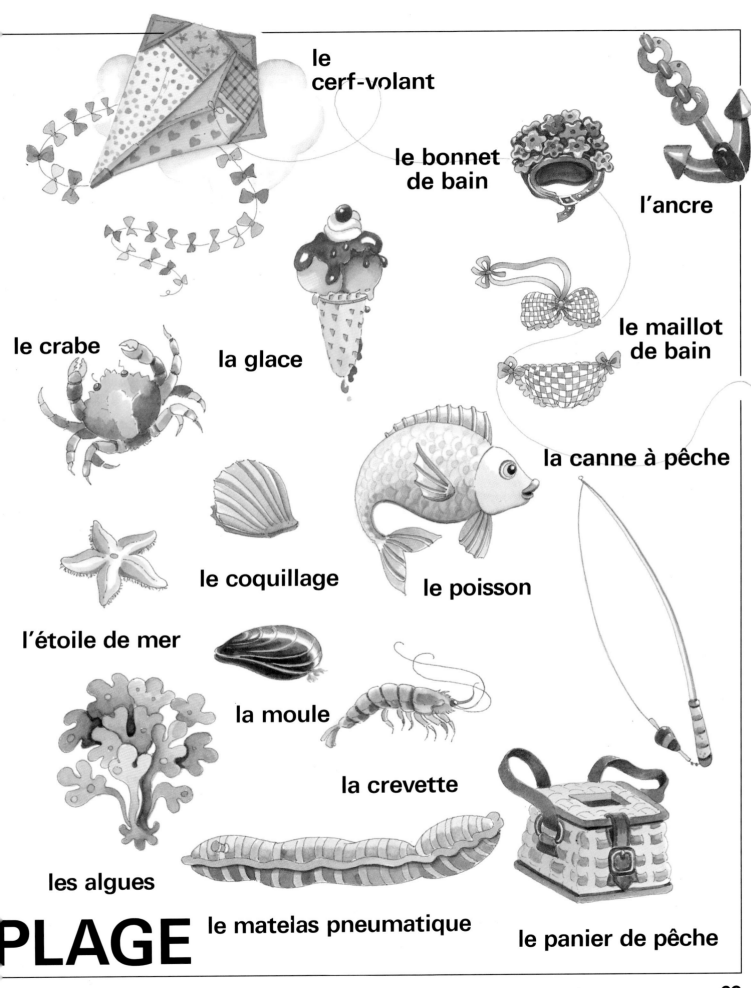

le
cerf-volant

le bonnet
de bain

l'ancre

le crabe

la glace

le maillot
de bain

la canne à pêche

le coquillage

le poisson

l'étoile de mer

la moule

la crevette

les algues

PLAGE   le matelas pneumatique

le panier de pêche

69

À L'AÉROPORT

la tour
de contrôle

le décollage

l'atterrissage

l'hôtesse de l'air

le pilote

Je voyage en train.
Je prends l'avion.
Je pars en voiture.
À bientôt !
Bon voyage !

Julie et Thomas partent en voyage en avion.
« Départ pour Rio, embarquement
immédiat ».
– Où est-ce, Rio ?
– C'est là, en Amérique du Sud.

l'enregistrement

**le billet
d'avion**

**le chariot
à bagages**

le passeport

**la salle
d'embarquement**

– **Passport, please.**
– **Je ne comprends pas.**
– **Votre passeport et votre billet, s'il vous plaît.**
– **Voilà, madame.**

Qu'est-ce que
vous dites ?
Je ne comprends pas.
Je ne sais pas.
Je ne parle pas
anglais.

l'avion

le train

le bateau à moteur

le paquebot

la mobylette

la caravane

la bicyclette

LES V

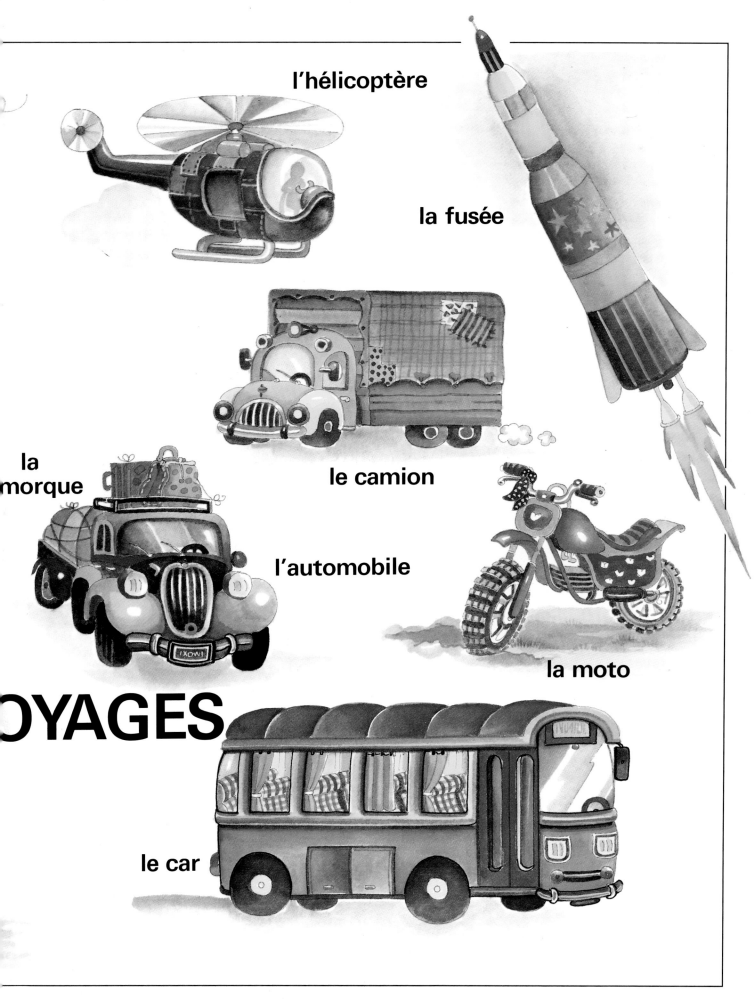

l'hélicoptère

la fusée

le camion

la
morque

l'automobile

la moto

OYAGES

le car

73

AUTOUR DU MONDE

L'EUROPE

L'ASIE

il est français

elle est russe

elle est japonaise

L'AMÉRIQUE

il est américain

il est tunisien

elle est congolaise

L'AFRIQUE

elle est brésilienne

CONSEILS PÉDAGOGIQUES CHANSONS ET COMPTINES

AVANT DE COMMENCER

C'est vous adulte qui allez guider votre enfant pour cette découverte des premiers mots français.

Pour le faire dans les meilleures conditions, commencez par lire ensemble le texte de présentation en page 4. Il explique clairement le fonctionnement du livre.

Ensuite, chaque fois que vous aborderez un nouveau chapitre, lisez les conseils correspondants qui figurent ci-dessous et pages suivantes. Vous y trouverez trois types d'information.

UNE INFORMATION GRAMMATICALE.

Elle vous concerne vous et non votre enfant.

Elle vous permettra de mieux expliquer un changement dans une phrase ou un verbe. Mais il est inutile – et même à déconseiller – d'utiliser des termes grammaticaux avec des enfants qui ne connaissent pas leur sens.

LES QUESTIONS SUR L'IMAGE.

Il s'agit de suggestions. Vous pouvez bien sûr en poser d'autres ou transférer d'un chapitre à l'autre les types de questions proposées.

Bonjour !

Page 5

QUESTIONS SUR L'IMAGE

Reprendre les 2 questions les plus simples.
Qui est-ce ?
Qu'est-ce que c'est ?

Les transposer sur des exemples :
Qui est-ce ? C'est ... prénom d'un parent.
Qu'est-ce que c'est ? C'est un livre.

Ensuite reprendre un mini-dialogue.
Bonjour.
Comment tu t'appelles ?
Je m'appelle...

PROLONGEMENT : *Bonjour ma cousine* (comptine)

Bonjour ma cousine
Bonjour mon cousin germain
On m'a dit que vous m'aimiez
Est-ce bien la vérité ?
Je ne m'en soucie guère (bis)
Passez par ici et moi par là
Au revoir ma cousine et à la prochaine fois.

LES PROLONGEMENTS.

Il s'agit de jeux, de comptines, de chansons. Jouez donc avec votre enfant, chantez avec lui. Mais vous pouvez aussi dessiner ensemble, mimer, répéter et interpréter des dialogues. L'essentiel est de s'amuser sans aucun "bourrage de crâne".

Découvrir une nouvelle langue doit être la découverte d'un nouveau plaisir de parler ensemble !

LE PETIT FRÈRE
LA FAMILLE

Page 6

INFORMATION GRAMMATICALE

● **Les déterminants :**

- Le masculin	**le**	**un**	**mon**
- Le féminin	**la**	**une**	**ma**
- Le pluriel	**les**	**des**	**mes**

● **Le verbe être et les pronoms personnels :**

Je suis	nous sommes
tu es	vous êtes
il est (il, Thomas, un garçon)	ils sont (ils, les enfants)
elle est (elle, Julie, une fille)	elles sont (elles, les filles)

QUESTIONS SUR L'IMAGE

Commençons par 2 questions simples et fondamentales :

Qui est-ce ?   *Qu'est-ce que c'est ?*
- *C'est le bébé*   – *C'est un cadeau*

Posez ces questions à votre enfant en désignant les personnes et les objets dont les noms figurent sur les pages de cette unité.

PROLONGEMENT

● **Jeu : L'album de famille.**

Matériel : photos, fiches, crayons.
Prenez des photos de votre famille ou bien dessinez avec votre enfant des « portraits » de famille sur des bristols.
Demandez-lui, en l'aidant un peu, de présenter sa famille.
- *C'est mon frère.*
- *Ce sont mes parents.*
- *C'est moi.*

● **Chanson : Fais dodo, Colas mon p'tit frère**

Fais do - do   Co - las mon p'tit frè - re,

Fais do - do   t'au - ras du lo - lo.

Ma - man est en haut   qui fait du gâ - teau,

Pa - pa est en bas   qui fait du cho - co - lat.

Fais do - do   Co - las mon p'tit frè - re,

Fais do - do   t'au - ras du lo - lo.

UNE LETTRE POUR JULIE DANS LE JARDIN

Page 10

INFORMATION GRAMMATICALE

- **L'article défini le** (ou **la**) se tranforme en **l'** devant une voyelle ou un h :
  l'arbre, l'herbe

- **La négation :**

Oui, je sais	Non, je **ne** sais **pas.**
Oui, il est là	**Non, il n'**est **pas** là.
	(n' + voyelle ou h)

QUESTIONS SUR L'IMAGE

Regardez d'abord les dessins à gauche et à droite de la scène illustrée. Situez ensuite les personnes et les objets qui y figurent en demandant par exemple :

Où est le facteur ? Où sont Julie et Thomas ?

Votre enfant répondra ou bien par *"ici"* en désignant la personne ou l'objet ou bien, s'il ne les voit pas, en disant : *"Je ne sais pas"*.

PROLONGEMENT

- **Jeu de mémoire : Où est ?**

Matériel : cartes bristol, feutres.

Dessinez sur les 9 cartes 9 animaux, plantes ou personnages de la leçon. Placez les cartes côte à côte en carré. On observe un moment la place de chaque carte. Puis on les retourne. Il faut se souvenir de la place de chaque carte en répondant :
Où est l'arbre ? Ici...

- **Chanson : Au clair de la lune**

Pierrot est un personnage de la pantomime, sympathique et rêveur.

Au clair de la	*lu - ne*	*mon a - mi Pier*	*- rot,*
Prête moi ta	*plu - me*	*Pour écrire un*	*mot.*
Ma chandelle est	*mor - te,*		
Je n'ai plus de	*feu ;*		
ouvre moi ta	*por - te*		
pour l'amour de	*Dieu.*		

LA CHAMBRE DES ENFANTS
LA MAISON

Page 14

INFORMATION GRAMMATICALE

● **Quelques verbes au présent :**

avoir :	j'ai	tu as	il/elle a
	nous avons	vous avez	ils/elles ont
savoir :	je sais	tu sais	il/elle sait
	nous savons	vous savez	ils/elles savent
faire :	je fais	tu fais	il/elle fait
	nous faisons	vous faites	ils/elles font

● **Le féminin et le masculin :**

il est grand	**elle** est grand**e**
il est **beau**	**elle** est **belle**
il est nouv**eau**	**elle** est nouv**elle**

QUESTIONS SUR L'IMAGE

Des questions sur les activités des personnages.
Pour poser une question dont la réponse est ''oui'' ou ''non'', il suffit d'ajouter ''est-ce que'' ou ''est-ce qu'il'' devant le sujet et le verbe.
Est-ce que Julie joue à la poupée ?
Est-ce qu'elle est dans la cuisine ?

PROLONGEMENT

● **Jeu de mime : Où es-tu ? Que fais-tu ?**

Vous mimez : votre enfant doit deviner où vous êtes et ce que vous faites :
Tu dors, tu joues, tu lis...
Dans la cuisine, dans la chambre...

● **Chanson : Meunier, tu dors**

Meu -	nier		tu	dors,
ton mou -	lin	va	trop	vi - te,
meu -	nier		tu	dors,
ton mou -	lin	va	trop	fort.
Ton mou -	lin, ton mou - lin	va	trop	vi - te,
Ton mou -	lin, ton mou - lin	va	trop	fort. (bis)

UN BON GÂTEAU
À LA CUISINE

Page 18

INFORMATION GRAMMATICALE

● **Le verbe manger** au présent :

Je mange	nous mangeons
tu manges	vous mangez
il, elle mange	ils, elles mangent

Le singulier et le pluriel :

Il **est** bon	ils **sont** bon**s**
c'est un gâteau	**ce sont des** gâteau**x**

QUESTIONS SUR L'IMAGE

Essayez de faire retrouver sur l'image de la cuisine les objets ou les produits. Faites-le à tour de rôle en les montrant et en posant la question : *"Qu'est-ce que c'est ?"* ou bien simplement en demandant : *"Où est la confiture, le bol... etc."*

PROLONGEMENT

● **Jeu : On met le couvert.**

Matériel : fiches et crayons.

Écrivez sur chaque fiche le nom d'un élément du couvert : le verre, l'assiette, le couteau, la fourchette, la cuillère, la serviette, le sel, le poivre. Demandez à votre enfant de faire le dessin correspondant. Puis jouez à "mettre le couvert" avec les fiches.

● **Chanson : Marie trempe ton pain**

Tremp' ton pain, Ma - rie, tremp' ton pain

Ma - rie Tremp' ton pain dans la soupe.

Tremp' ton pain, Ma - rie, Tremp' ton pain Ma - rie

Tremp' ton pain dans le vin

AU SUPERMARCHÉ
LES COURSES

Page 22

INFORMATION GRAMMATICALE

● **Pour demander :** Je voudrais - Nous voudrions - Il/elle voudrait - Que désirez-vous ?

● **Pour être poli :**   Merci - S'il vous plaît.

● **L'article partitif** pour une quantité indéfinie on utilise **du** pour le masculin *(du pain)*, **de la** pour le féminin *(de la salade)*, **des** pour le pluriel *(des fruits)* et **de l'** pour les mots qui commencent par une voyelle ou un h *(de l'huile et de l'eau)*.

QUESTIONS SUR L'IMAGE

Pour retrouver quelques uns des objets dans le supermarché : *Où est le lait ? Où sont les conserves ?*

PROLONGEMENT

● **Mime : Le client muet**

Vous êtes vendeur dans un supermarché. Votre enfant se présente. C'est lui le client muet. Ne sachant pas parler, il doit mimer ce qu'il désire acheter. À vous de l'aider en lui posant des questions.

- Vous : *Que désirez-vous ?*
- Lui : (Il fait des gestes, des mimiques).
- Vous : *Voudriez-vous avoir du pain ?*
- Lui : (Il indique par un mouvement de la tête si vous avez deviné ou non), etc.

● **Comptine : Pomme, pêche, poire**

Pomme, pêche, poire, a - bri - cot

y'en a   une,   y'en a   une

Pomme, pêche, poire, a - bri - cot

y'en a   une de   trop !

qui s'ap - pelle   Ma - rie Margot.

ON AIDE MAMAN
LES VÊTEMENTS

Page 26

INFORMATION GRAMMATICALE

● **Vous** deuxième personne du pluriel. On l'emploie pour s'adresser à plusieurs personnes ou à une seule comme forme de politesse.

● **On** a la même valeur que "nous".
Après **on**, le verbe se conjugue à la 3ème personne du singulier.
Nous aidons = on aide.

● **Les couleurs :**

masculin	féminin
rouge	rouge
vert	ver**te**
bleu	bleu**e**
noir	noir**e**
jaune	jaune
blanc	blan**che**

QUESTIONS SUR L'IMAGE

● **Posez des questions sur la place** de chaque objet. Aidez-vous du modèle donné en marge.
Où est ...... ? sur, sous, dedans...

● **Posez des questions sur la couleur** des objets.
De quelle couleur est la valise ? Elle est...
De quelle couleur sont les chaussettes ? Elles sont...

PROLONGEMENT

● **Devinette : Chaque chose à sa place**
Dans la pièce où vous vous trouvez, choisissez un objet ou une personne.
Donnez sa couleur et sa place. De quel objet s'agit-il ? Il faut le deviner en posant des questions.

● **Comptine : Pomme de reinette**

Pomme de reinette et	*pomme d'a - pi*
tapis, tapis	*rou - ge*
pomme de reinette et	*pomme d'a - pi*
tapis, tapis	*gris...*

LA CLASSE DES PETITS POUR L'ÉCOLE

Page 30

INFORMATION GRAMMATICALE

● **Quelques verbes au présent :**

Aller	**Venir**
Je vais	Je viens
tu vas	tu viens
il/elle va	il/elle vient
nous allons	nous venons
vous allez	vous venez
ils/elles vont	ils/elles viennent

● **Les questions :**

Qui raconte une histoire ? *C'est la maîtresse.*
Que fait Julie ? *Elle dessine.*
5 et 4, **combien** ça fait ? *Ça fait 9 !*
Où est Julie ? *Dans la classe.*
Comment tu t'appelles ? *Thomas.*
Quand travailles-tu ? *L'après-midi.*

QUESTIONS SUR L'IMAGE

● **Posez des questions sur : "Qui fait quoi ?"**

Qui raconte une histoire ? *C'est la maîtresse.*
Qui écrit ?...
Que fait Julie ? *Elle dessine.*
Que fait la maîtresse ?...

PROLONGEMENT

● **Jeu : Le compte est bon.**

Matériel : 2 crayons, 2 feuilles de papier, 2 dés.

Chaque joueur prend une feuille de papier et dessine un grand carré qu'il divise en 3 dans le sens de la longueur et en 3 dans le sens de la largeur de façon à obtenir 9 cases égales dans lesquelles il inscrit les nombres de 1 à 9 en toutes lettres.
Il s'agit de barrer le plus vite possible toutes les cases. Pour cela, les joueurs lancent, à tour de rôle, soit un dé soit les deux (dont ils additionnent alors les résultats).
Celui qui a barré toutes ses cases le premier a gagné.

● **Comptine : Un petit cochon**

Un pe - tit cochon	*pendu au plafond*
tirez - lui la queue	*il pon - dra des œufs*
tirez - lui plus fort	*il pon - dra de l'or.*
Combien en voulez-vous ?	*1, 2, 3, 4...*

LA VISITE MÉDICALE EN PLEINE FORME

Page 34

INFORMATION GRAMMATICALE

● **Les pronoms personnels :**

moi, je m'appelle Julie
toi, **tu** t'appelles
elle, **elle** s'appelle
lui, **il** s'appelle

nous, **nous** nous appelons
vous, **vous** vous appelez
elles, **elles** s'appellent
eux, **ils** s'appellent

● **Les nombres :**

vingt **et** un, vingt-deux, vingt-trois...
trente **et** un, trente-deux, trente-trois...
quarante **et** un, quarante-deux, quarante-trois...

● **Pour mesurer :**

1 kilo = 1 000 grammes
1 mètre = 100 centimètres

PROLONGEMENT

● **Activité écrite : Poids et mesures.**
Matériel : un mètre et un pèse-personne.
Fabriquez une fiche pour chaque personne présente :

```
Nom : _____
Prénom : _____
Âge : _____
Taille : _____
Poids : _____
```

On remplit les fiches en posant les questions :
Comment tu t'appelles ?
Quel âge as-tu ?
Combien tu mesures ?
Combien tu pèses ?
N'oubliez pas de faire une fiche pour votre chien, votre chat...

● **Comptine : Mes p'tites mains**

Mes p'tites mains font	*tape, tape, tape*
mes p'tits pieds font	*paf, paf, paf*
un, deux, trois	*un, deux, trois*
trois p'tits tours et	*puis s'en vont*

AU STADE
LE SPORT

Page 38

INFORMATION GRAMMATICALE

● **Quelques verbes au présent :**

courir	**mettre**
Je cours	Je mets
tu cours	tu mets
il/elle court	il/elle met
nous courons	nous mettons
vous courez	vous mettez
ils/elles courent	ils/elles mettent

● **Se situer dans le temps :**

Nous sommes	lundi mardi mercredi...	Nous sommes **en** 1990
Nous sommes	**en** février **en** mars **en** avril...	Nous sommes **le** 1er juin

QUESTIONS SUR L'IMAGE

On peut poser des questions commençant par ''qui'' :
Qui fait du football ? Qui fait de la gymnastique ?

PROLONGEMENT

● **Mime : Les sportifs.**

À tour de rôle, chacun mime un sportif et l'autre essaie de deviner de quel sport il s'agit en posant des questions :
Tu fais de l'équitation ? Tu fais de la natation ? Tu fais du kayak ? etc.

● **Comptine : Les jours de la semaine**

Lundi il fait gris	*Jeudi il fait beau*
Mardi c'est la pluie	*Vendredi il fait chaud*
Mercredi c'est fini	*Samedi c'est trop*

DANS LA RUE
EN VILLE

Page 42

INFORMATION GRAMMATICALE

● **Interrogation sur le lieu :**

Où va-tu ?   **D'où viens-tu ?**

je vais **à la** maison   je viens **de la** maison
je vais **à l'**école   je viens **de l'**école
je vais **au** cinéma   je viens **du** cinéma

● **Pour donner des ordres : L'impératif :**

Tourne à droite ! *Prends* la première rue à gauche ! *Traverse ! Arrête-toi ! Continue !*

PROLONGEMENT

● **Graphisme et jeu : Mon quartier.**

Matériel : 1 grande feuille de papier, des crayons, une petite voiture.

La grande feuille sera le plan de votre quartier, de votre ville. Choisissez ensemble des lieux que vous voulez y voir figurer.

Exemples : notre maison, la poste, le boulanger, le cinéma, l'école, la piscine, le terrain de sport, le parc, la mairie ainsi que la maison où habite le (la) meilleur(e) ami(e) de votre enfant. Écrivez les noms sur le plan et reliez-les par rues. On peut déplacer une petite auto ou un personnage sur le plan.

En déplaçant son personnage, l'enfant commente son déplacement par ''à gauche'', ''à droite'', ''tout droit''.

Vous lui donnez des ordres : ''tourne à droite'', ''arrête-toi'', ''continue''...

● **Chanson : Sur le pont d'Avignon**

Sur le pont d'A - vi - gnon, | *L'on y dan - se, l'on y dan - se,*

sur le pont d'A - vi - gnon, | *L'on y dan - se tout en rond*

les beaux messieurs font comm' ça, | *Et puis en - cor comm' ça.*

les bell's dames font comm' ça, | *Et puis en - cor comm' ça.*

AU TRAVAIL
LES MÉTIERS

Page 46

INFORMATION GRAMMATICALE

● **Les métiers au féminin :**

le coutu**rier**	la coutu**rière**
le chant**eur**	la chant**euse**
l'institut**eur**	l'institu**trice**
le pharmac**ien**	la pharmac**ienne**

Certains métiers n'ont pas de féminin : le professeur, le dentiste...

● **Pour demander la profession de quelqu'un :**

Qu'est-ce qu'il fait ? Quel est son métier ? Quelle est sa profession ?

● **Pour répondre :**

Il est journaliste   **C'est un** journaliste
Elle est directrice   **C'est une** directrice

QUESTIONS SUR L'IMAGE

En regardant la scène, on peut demander :

a) où travaillent les gens :
   Où travaille le plombier ? Il travaille au premier étage.

b) qui travaille à quel étage :
   Qui travaille au deuxième étage ? C'est le dentiste.

PROLONGEMENT

● **Jeu de cartes : Les 7 familles.**
Matériel : cartes à jouer.
On utilise un jeu de cartes ou on le fabrique.

● **Chanson : Il était une bergère**

Il é - tait un' ber - gè - re, | *et ron ron ron pe - tit pa - ta - pon*

Il é - tait un' ber - gè - re, | *qui gar - dait ses mou - tons, ron, ron,*

Qui gar - dait ses mou - tons.

Elle fit un fro - mage | *et ron ron ron pe - tit pa - ta - pon*

Elle fit un fro - mage | *du lait de ses mou - tons, ron, ron,*

Du lait de ses mou - tons.

À LA CAMPAGNE
À LA FERME

Page 50

INFORMATION GRAMMATICALE

● **Le possessif :**

Nous avons un chien, nous avons une vache :
c'est **notre** chien, c'est **notre** vache.
Nous avons des oies : ce sont **nos** oies.

Vous avez un cheval, vous avez une étable :
c'est **votre** cheval, c'est **votre** étable.
Vous avez des canards : ce sont **vos** canards.

Ils ont un lapin, **elles** ont une poule :
c'est **leur** lapin, c'est **leur** poule.
Ils ont des poussins : ce sont **leurs** poussins.

QUESTIONS SUR L'IMAGE

On peut retrouver les animaux grâce à leur couleur :
Qui est rose ?   *C'est le cochon.*
Qui est marron et blanc ?   *C'est la vache.*

PROLONGEMENT

● **Imitation : Le cri des animaux.**

À tour de rôle, imitez et retrouvez les animaux.
Hi han ! : l'âne   *Coin-coin* : le canard.
Cocorico : le coq   *Cui-cui* : l'oiseau.

● **Comptine : Une poule sur un mur**

Une   poule   sur un   mur | *qui pi - co - te   du   pain   dur*

pico   - ti ,   pico   - ta | *lève la   queue et puis   s'en va.*

AU ZOO
LES ANIMAUX SAUVAGES

Page 54

INFORMATION GRAMMATICALE

● **L'article partitif dans une phrase négative :**
de la, de l', du, des se transforment en **de** ou **d'**.
Qui mange **de la** viande, **du** poisson, **de l'**herbe, **des** fruits ?
Le lion ne mange pas **de** poisson, pas **d'**herbe et pas **de** fruits.

QUESTIONS SUR L'IMAGE

Posez ces questions à votre enfant :

Que mange l'éléphant ?   Des plantes.
Que mange le lion ?   De la viande.
Quel animal a un long cou ?   La girafe.
Qui mange des bananes ?   Le singe.
Qui a une trompe ?   L'éléphant.

PROLONGEMENT

● **Jeu : Ni oui, ni non.**

Le premier d'entre vous qui dit **oui** ou **non** a perdu. Posez des questions sur les animaux que vous connaissez :
Le chameau mange de la viande ?
Vous pouvez répondre : *Il ne mange pas de viande.*
                       Je ne pense pas.
                       C'est faux.
La girafe a un long cou ?
Vous répondrez : *Elle a un grand cou.*
                 Bien sûr.
                 C'est vrai.

● **Comptine : Un chat et un chameau**

Un chat et un chameau

Qui portent un chapeau

C'est rigolo !

Un loup et un hibou

Qui vous donnent un sou

C'est fou, c'est fou !

Un tout petit chaton

Qui mange du savon

C'est bon, bon, bon !

L'ANNIVERSAIRE
LES JOUETS

Page 58

INFORMATION GRAMMATICALE

● **Question : quand ? - depuis quand ? :**

Quand est-ce que tu viens ?
Demain, après-demain.

Depuis quand est-ce que tu es là ?
Je suis là **depuis** une heure.
Ça fait une heure que je suis là.
Il y a une heure que je suis là.

QUESTIONS SUR L'IMAGE

On repère tout ce qui est sur la table et on demande à l'enfant ce qu'il aimerait manger ou boire à cet anniversaire :
Qu'aimerais-tu manger ? Qu'aimerais-tu boire ?

● **Activité orale : Le calendrier.**

À faire avec un calendrier, on pose des questions sur les dates d'évènements marquants :
C'est quand ton anniversaire ?
C'est quand les vacances ?
C'est quand Noël ?

PROLONGEMENT

● **Activité écrite : Bon anniversaire !**

On peut faire le calendrier des anniversaires de la famille et des amis.

● **Chanson : Petit papa**

Petit Papa, | *c'est aujourd'hui ta fête !*

Maman l'a dit | *quand tu n'étais pas là.*

LA FÊTE DE LA MUSIQUE
LES INSTRUMENTS

Page 62

INFORMATION GRAMMATICALE

● **Les pronoms personnels :**

Tu veux jouer avec **moi** ?
Je veux jouer avec **toi** !
Je veux danser avec Thomas, je veux danser avec **lui**.
Je veux danser avec Julie, je veux danser avec **elle**.

● **Pour accepter :**

D'accord - Volontiers - Avec plaisir - Bien sûr.

● **Pour refuser :**

Désolé - Je regrette - Je ne veux pas.

QUESTIONS SUR L'IMAGE

On peut poser des questions variées telles que :
Qui joue du violon ? Qui chante ? Où est le chef d'orchestre ?...

PROLONGEMENT

● **Jeu : Où est le chef d'orchestre ?**

Matériel : 10 fiches bristol, crayons.

Choisir ensemble 9 instruments de musique et les dessiner sur 9 fiches en ajoutant le nom de chaque instrument. Dessiner sur la dernière fiche un chef d'orchestre avec sa baguette. Retourner les fiches et bien les mélanger. Mettre une fiche au milieu et les autres tout autour en étoiles. Le premier joueur prend la fiche du milieu et la fait voir. Si, par chance, il est tombé sur le chef d'orchestre, il a gagné. Sinon, il prend une autre fiche – sans que l'on puisse voir laquelle –, la met au milieu et la remplace par la première fiche qu'il avait prise. Et c'est au deuxième joueur de soulever la fiche du milieu, etc... jusqu'à ce qu'un joueur trouve le chef d'orchestre.

AU BORD DE LA MER
À LA PLAGE

Page 66

INFORMATION GRAMMATICALE

● **Pour donner des ordres : L'impératif :**

Viens !   Venez !
Regarde !   Regardez !
Aide-moi !   Aidez-moi !
Attends-moi !   Attendez-moi !

QUESTIONS SUR L'IMAGE

Faire localiser sur l'image centrale toutes les vignettes dessinées sur le côté en demandant : *Où est... ?*

PROLONGEMENT

● **Chanson : Il était un petit navire**

Il é - tait un pe - tit na - vi - re, | *il é - tait un pe - tit na - vi - re,*

Qui n'a - vait ja ja jamais na - vi - gué | *qui n'a - vait ja ja jamais na - vi - gué*

Ohé ! Ohé ! Ohé ! Ohé ! ma - te - lot, | *ma - te - lot na - vi - gue sur les flots.*

À L'AÉROPORT
LES VOYAGES

Page 70

INFORMATION GRAMMATICALE

● **Les pays :**

Le Japon	**La** Chine	**Les** États-Unis
Le Brésil	La Colombie	**L'**U.R.S.S.
Le Sénégal	La Tunisie	
Le Danemark	La France	

● **Où vas-tu ?**

Je vais **au** Japon.   Je vais **en** Chine.
           Je vais **aux** États-Unis.
              Je vais **en** U.R.S.S.

● **D'où viens-tu ?**

Je viens **du** Japon   Je viens **de** Chine
           Je viens **des** États-Unis
              Je viens **d'**U.R.S.S.

QUESTIONS SUR L'IMAGE

Faire une révision des mots interrogatifs :

- *Qui est... ?*
- *Qu'est-ce que... ?*
- *Où est-ce... ?   Où va... ?*
- *Quand s'envole... ?*
- *D'où vient... ?*

PROLONGEMENT

● **Jeu : Les drapeaux.**

Matériel : 7 à 8 fiches, des feutres.
Dessinez sur chaque fiche des drapeaux connus et simples à identifier.
On retourne les fiches, on les mélange. Chacun à son tour retourne une fiche et il doit savoir se présenter :
Je suis français, je viens de France, d'Europe...

● **Comptine : Un petit bonhomme**

Un petit bonhomme

Assis sur une pomme

La pomme dégringole

Le bonhomme s'envole

Sur le toit de l'école.

TABLE DES MATIÈRES

PRÉSENTATION 4

Bonjour ! 5
Le petit frère/**La famille** 6
Une lettre pour Julie/**Dans le jardin** 10
La chambre des enfants/**La maison** 14
Un bon gâteau/**La cuisine** 18
Au supermarché/**Les courses** 22
On aide maman/**Les vêtements** 26
La classe des petits/**Pour l'école** 30
La visite médicale/**En pleine forme** 34
Au stade/**Le sport** 38
Dans la rue/**En ville** 42
Au travail/**Les métiers** 46
À la campagne/**À la ferme** 50
Au zoo/**Les animaux sauvages** 54
L'anniversaire/**Les jouets** 58
La fête de la musique/**Les instruments** 62
Au bord de la mer/**À la plage** 66
À l'aéroport/**Les voyages** 70
Autour du monde 74

CONSEILS, CHANSONS ET COMPTINES 75